LA TABLE DE 2

Complète les multiplications
en utilisant la table de 2

Tu as 5 minutes !

1. 2 x 2 = **4**
2. 2 x 3 = **6**
3. 2 x 4 = **8**
4. 2 x 5 = **10**
5. 2 x 6 = **12**
6. 2 x 7 = **14**
7. 2 x 8 = **16**
8. 2 x 9 = **18**
9. 2 x 10 = **20**

Regarde bien ta montre !

Vérifie tes réponses !

1. 4 - 2. 6 - 3. 8 - 4. 10 - 5. 12 - 6. 14 - 7. 16 - 8. 18 - 9. 20

J'ai 2 nez, 1 seul œil et 3 bouches. Que suis-je ?

Horrible !

LES NOMBRES PAIRS

Complète les multiplications
en utilisant la table de 2.

Tu as 5 minutes !

1. 2 x 3 = ☐

2. 2 x 1 = ☐

3. 2 x 2 = ☐

4. 2 x 6 = ☐

5. 2 x 7 = ☐

6. 2 x 5 = ☐

7. 2 x 8 = ☐

8. 2 x 4 = ☐

Regarde bien ta montre !

Vérifie tes réponses !

1. 6 - 2. 2 - 3. 4 - 4. 12 - 5. 14 - 6. 10 - 7. 16 - 8. 8

Qui boit l'eau sans jamais l'avaler ?

Une éponge !

LA TABLE DE 3

Complète les multiplications
en utilisant la table de 3.

Tu as 5 minutes !

1. 3 x 1 = ☐
2. 3 x 2 = ☐
3. 3 x 3 = ☐
4. 3 x 4 = ☐
5. 3 x 5 = ☐
6. 3 x 6 = ☐
7. 3 x 7 = ☐
8. 3 x 8 = ☐
9. 3 x 9 = ☐
10. 3 x 10 = ☐

Regarde bien ta montre !

Vérifie tes réponses !

1. 3 - 2. 6 - 3. 9 - 4. 12 - 5. 15 - 6. 18 - 7. 21 - 8. 24 - 9. 27 - 10. 30

Quelle est la ville la plus vieille ?

Milan.

2 OU 3

Complète les multiplications
en utilisant la table de 2 ou la table de 3.

Tu as 5 minutes !

1. 3 x 2 = ☐
2. 2 x 5 = ☐
3. 3 x 4 = ☐

4. 3 x 1 = ☐
5. 2 x 1 = ☐
6. 3 x 3 = ☐

7. 3 x 5 = ☐
8. 2 x 7 = ☐
9. 3 x 8 = ☐
10. 3 x 6 = ☐

Regarde bien ta montre !

Vérifie tes réponses !

1. 6 - 2. 10 - 3. 12 - 4. 3 - 5. 2 - 6. 9 - 7. 15 - 8. 14 - 9. 24 - 10. 18

Quelle est la différence entre un tigre et un biscuit ?

Essaie de tremper un tigre dans ton thé pour voir...

DANS L'AUTRE SENS

Complète les multiplications
en utilisant la table de 2 ou la table de 3.

Tu as 5 minutes !

1. 9 x 2 = ☐
2. 10 x 2 = ☐
3. 11 x 2 = ☐
4. 12 x 2 = ☐
5. 9 x 3 = ☐
6. 10 x 3 = ☐
7. 11 x 3 = ☐
8. 12 x 3 = ☐

Regarde bien ta montre !

Vérifie tes réponses !

1. 18 - 2. 20 - 3. 22 - 4. 24 - 5. 27 - 6. 30 - 7. 33 - 8. 36

Quelle est la souris qui ne mange jamais son tapis ?
Celle de l'ordinateur !

LE DOUBLE

Écris en chiffres le double des chiffres et des nombres écrits en lettres. Utilise la table de 2.

Tu as 5 minutes !

1. Deux mains. __________
2. Cinq continents. ______________
3. Dix éléphants. ____________________
4. Sept nains. ___________________________
5. Quatre murs. ________________________
6. Douze sardines. ____________________
7. Neuf jonquilles. ____________________
8. Six coccinelles. _________________
9. Onze footballeurs. ______________
10. Huit heures ______________

Regarde bien ta montre !

Vérifie tes réponses !

1. 4 - 2. 10 - 3. 20. - 4. 14 - 5. 8 - 6. 24 - 7. 18 - 8. 12 - 9. 22 - 10. 16

Quelle est la salade préférée des coiffeurs ?

La frisée.

LA TABLE DE 4

Complète les multiplications
en utilisant la table de 4.

Tu as 5 minutes !

1. 4 x 1 = ☐
2. 4 x 2 = ☐
3. 4 x 3 = ☐
4. 4 x 4 = ☐
5. 4 x 5 = ☐
6. 4 x 6 = ☐
7. 4 x 7 = ☐
8. 4 x 8 = ☐
9. 4 x 9 = ☐
10. 4 x 10 = ☐

Regarde bien ta montre !

Vérifie tes réponses !

1. 4 - 2. 8 - 3. 12 - 4. 16 - 5. 20 - 6. 24 - 7. 28 - 8. 32 - 9. 36 - 10. 40

Quel est l'insecte le plus rapide ?
Le pou, car il est toujours en tête.

4 FOIS PLUS

Multiplie par quatre les chiffres écrits en lettres et écris le résultat en chiffres. Utilise la table de 4.

Tu as 5 minutes !

1. Quatre voitures de sport =
2. Trois petits cochons tout roses =
3. Deux gendarmes en uniforme =
4. Six pommes dans un panier d'osier =
5. Dix tigres sur la piste de cirque =
6. Sept couleurs dans l'arc-en-ciel =
7. Huit poupées dans la vitrine =
8. Douze crayons de couleur =

Regarde bien ta montre !

Vérifie tes réponses !

1. 16 - 2. 12 - 3. 8 - 4. 24 - 5. 40 - 6. 28 - 7. 32 - 8. 48

Quel est le poisson qui ne fête jamais son anniversaire ?

Le poisson pané.

1, 2, 3 OU 4 ?

Complète les multiplications en utilisant les tables de 1, 2, 3 ou 4.

Tu as 5 minutes !

1. 3 x 5 = ☐
2. 2 x 4 = ☐
3. 3 x 7 = ☐
4. 4 x 2 = ☐
5. 1 x 5 = ☐
6. 4 x 6 = ☐
7. 2 x 2 = ☐
8. 3 x 9 = ☐
9. 1 x 10 = ☐
10. 4 x 5 = ☐

Regarde bien ta montre !

Vérifie tes réponses !

1. 15 - 2. 8 - 3. 21 - 4. 8 - 5. 5 - 6. 24 - 7. 4 - 8. 27 - 9. 10 - 10. 20

Quel est le pain préféré du chef d'orchestre ?

La baguette.

TRÈS FACILE !

Complète les multiplications en utilisant les tables de 1, de 2, de 3 ou de 4.

Tu as 5 minutes !

1. 1 x ☐ = 3
2. 2 x ☐ = 4
3. 3 x ☐ = 9
4. 6 x ☐ = 6
5. 3 x ☐ = 12
6. 5 x ☐ = 15
7. 8 x ☐ = 16
8. 5 x ☐ = 20

Regarde bien ta montre !

Vérifie tes réponses !

1. 3 - 2. 2 - 3. 3 - 4. 1 - 5. 4 - 6. 3 - 7. 2 - 8. 4

Quels sont les œufs préférés des sportifs ?

Les œufs olympiques.

LA TABLE DE 5

Complète les multiplications
en utilisant la table de 5.

Tu as 5 minutes !

1. 5 x 1 = ☐
2. 5 x 2 = ☐
3. 5 x 3 = ☐
4. 5 x 4 = ☐
5. 5 x 5 = ☐
6. 5 x 6 = ☐
7. 5 x 7 = ☐
8. 5 x 8 = ☐
9. 5 x 9 = ☐
10. 5 x 10 = ☐

Regarde bien ta montre !

Vérifie tes réponses !

1. 5 - 2. 10 - 3. 15 - 4. 20 - 5. 25 - 6. 30 - 7. 35 -
8. 40 - 9. 45 - 10. 50

Quelles sont les deux notes sur lesquelles on peut s'allonger ?

Le sol et le do !

ENCORE DES 5 !

Complète les multiplications
en utilisant la table de 5.

Tu as 5 minutes !

1. 1 x 5 petits doigts = ☐

2. 5 x 5 grenouilles vertes = ☐

3. 3 x 5 lapins nains = ☐

4. 4 x 5 zèbres rayés = ☐

5. 6 x 5 œufs tout frais = ☐

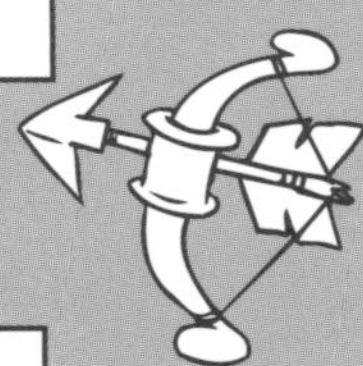

6. 9 x 5 caramels = ☐

7. 7 x 5 cerises rouges = ☐

8. 10 x 5 coqs dans la cour = ☐

Regarde bien ta montre !

Vérifie tes réponses !

1. 5 - 2. 25 - 3. 15 - 4. 20 - 5. 30 - 6. 45 - 7. 35 - 8. 50

Quels mois ont 28 jours ?

Tous.

UN PEU PLUS DUR

Écris le résultat des multiplications dans la colonne de gauche. Dans la colonne de droite, écris de haut en bas ces résultats mais dans l'ordre décroissant.

Tu as 5 minutes !

2 x 2 =		
2 x 3 =		
1 x 5 =		
3 x 3 =		
1 x 1 =		
3 x 1 =		
1 x 2 =		
7 x 1 =		
2 x 5 =		
2 x 4 =		

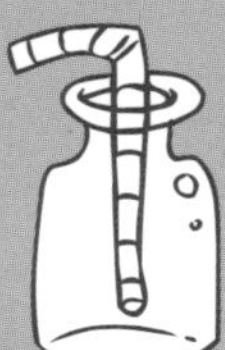

Regarde bien ta montre !

Vérifie tes réponses !

2 x 2 = 4, 2 x 3 = 6, 1 x 5 = 5, 3 x 3 = 9, 1 x 1 = 1, 3 x 1 = 3,
1 x 2 = 2, 7 x 1 = 7, 2 x 5 = 10, 2 x 4 = 8
En ordre décroissant : 10 9 8 7 6 5 4 3 2 1

Durant quel mois poussent les petits pois ?

En avril, parce que les petits poissons d'avril !

LA TABLE DE 6

Complète les multiplications
en utilisant la table de 6.

Tu as 5 minutes !

1. 6 x 1 = ☐
2. 6 x 2 = ☐
3. 6 x 3 = ☐
4. 6 x 4 = ☐
5. 6 x 5 = ☐
6. 6 x 6 = ☐
7. 6 x 7 = ☐
8. 6 x 8 = ☐
9. 6 x 9 = ☐
10. 6 x 10 = ☐

Regarde bien ta montre !

Vérifie tes réponses !

1. 6 - 2. 12 - 3. 18 - 4. 24 - 5. 30 - 6. 36 - 7. 42 -
8. 48 - 9. 54 - 10. 60

Quelle est la mamie la plus dangereuse ?

Mamie Traillette !

SIX FOIS PLUS !

Multiplie par 6 les nombres d'insectes.

Tu as 5 minutes !

1. 3 papillons
2. 4 sauterelles
3. 6 scarabées
4. 5 coccinelles
5. 7 mouches
6. 2 abeilles et 1 guêpe
7. 3 criquets et 3 mouches
8. 2 papillons et 2 lucioles
9. 2 abeilles et 1 scarabée
10. 5 lucioles et 4 papillons

Regarde bien ta montre !

Vérifie tes réponses !

1. 18 - 2. 24 - 3. 36 - 4. 30 - 5. 42 - 6. 18 - 7. 36 -
8. 24 - 9. 18 - 10. 54

Quel est l'animal le plus stupide ?

Le lionceau.

LA TABLE DE 7

Complète les multiplications
en utilisant la table de 7.

Tu as 5 minutes !

1. 1 x 7 =
2. 2 x 7 =
3. 3 x 7 =
4. 4 x 7 =
5. 5 x 7 =
6. 6 x 7 =
7. 7 x 7 =
8. 8 x 7 =
9. 9 x 7 =
10. 10 x 7 =

Regarde bien ta montre !

Vérifie tes réponses !

1. 7 - 2. 14 - 3. 21 - 4. 28 - 5. 35 - 6. 42 - 7. 49 -
8. 56 - 9. 63 - 10. 70

Quelles sont les trois lettres que les parents utilisent le plus ?

O.B.I.

6 OU 7 ?

Complète les multiplications
en utilisant les tables de 6 ou de 7.

Tu as 5 minutes !

1. 7 x 4 = ☐

2. 6 x 3 = ☐

3. 6 x 6 = ☐

4. 7 x 7 = ☐

5. 6 x 5 = ☐

6. 7 x 6 = ☐

7. 7 x 9 = ☐

8. 6 x 9 = ☐

9. 10 x 7 = ☐

10. 12 x 6 = ☐

Regarde bien ta montre !

Vérifie tes réponses !

1. 28 - 2. 18 - 3. 36 - 4. 49 - 5. 30 - 6. 42 - 7. 63 -
8. 54 - 9. 70 - 10. 72

Quel est le plat préféré des opticiens ?

Les lentilles !

Y A DES TROUS !

Complète les multiplications.

Tu as 5 minutes !

1. 6 x 4 = ☐
2. ☐ x 2 = 16
3. 9 x ☐ = 27
4. 10 x 5 = ☐
5. ☐ x 6 = 36
6. 6 x ☐ = 42
7. ☐ x 4 = 44
8. 10 x 7 = ☐
9. 7 x ☐ = 49
10. ☐ x 5 = 45

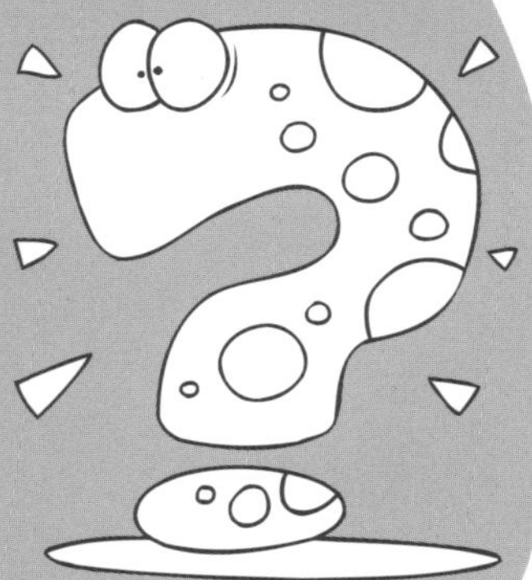

Regarde bien ta montre !

Vérifie tes réponses !

1. 24 - 2. 8 - 3. 3 - 4. 50 - 5. 6 - 6. 7 - 7. 11 - 8. 70 - 9. 7 - 10. 9

Quelle heure est-il à l'horloge quand elle sonne 13 coups ?

L'heure de la réparer !

LA TABLE DE 8

Complète les multiplications
en utilisant la table de 8.

Tu as 5 minutes !

1. 8 x 1 = ☐
2. 8 x 2 = ☐
3. 8 x 3 = ☐
4. 8 x 4 = ☐
5. 8 x 5 = ☐
6. 8 x 6 = ☐
7. 8 x 7 = ☐
8. 8 x 8 = ☐
9. 8 x 9 = ☐
10. 8 x 10 = ☐

Regarde bien ta montre !

Vérifie tes réponses !

1. 8 - 2. 16 - 3. 24 - 4. 32 - 5. 40 - 6. 48 - 7. 56 -
8. 64 - 9. 72 - 10. 80

Quel est le dessert préféré des grenouilles ?

La mouche au chocolat !

DU GÂTEAU !

Chaque adulte mange 8 gâteaux,
chaque enfant en mange 4.
Complète les opérations ci-dessous.

Tu as 5 minutes !

1. 3 adultes =________ gâteaux
2. 6 adultes =________ gâteaux
3. 5 adultes + 2 enfants =________ gâteaux
4. 4 adultes + 1 enfant =________ gâteaux
5. 7 adultes =________ gâteaux
6. 9 adultes =________ gâteaux
7. 7 adultes + 2 enfants =________ gâteaux
8. 1 adulte + 6 enfants =________ gâteaux
9. 11 adultes =________ gâteaux
10. 10 adultes =________ gâteaux

Regarde bien ta montre !

Vérifie tes réponses !

1. 24 - 2. 48 - 3. 48 - 4. 36 - 5. 56 - 6. 72 - 7. 64 -
8. 32 - 9. 88 - 10. 80

Quelle est la formule de politesse préférée des girafes ?

« Merci beau-cou ! »

RÉVISONS UN PEU !

Complète les opérations ci-dessous.

Tu as 5 minutes !

1. ☐ x 4 = 32
2. ☐ x 7 = 21
3. ☐ x 5 = 25
4. ☐ x 4 = 40
5. ☐ x 2 = 14
6. ☐ x 7 = 56
7. ☐ x 6 = 48
8. ☐ x 3 = 33
9. ☐ x 7 = 49
10. ☐ x 2 = 18

Regarde bien ta montre !

Vérifie tes réponses !

1. 8 - 2. 3 - 3. 5 - 4. 10 - 5. 7 - 6. 8 - 7. 8 - 8. 11 - 9. 7 - 10. 9

Quel est le futur de « je bâille » ?

Je dors.

LA TABLE DE 9

Complète les multiplications
en utilisant la table de 9.

Tu as 5 minutes !

1. 9 x 1 = ☐
2. 9 x 2 = ☐
3. 9 x 3 = ☐
4. 9 x 4 = ☐
5. 9 x 5 = ☐
6. 9 x 6 = ☐
7. 9 x 7 = ☐
8. 9 x 8 = ☐
9. 9 x 9 = ☐
10. 9 x 10 = ☐

Regarde bien ta montre !

Vérifie tes réponses !

1. 9 - 2. 18 - 3. 27 - 4. 36 - 5. 45 - 6. 54 - 7. 63 - 8. 72 -
9. 81 - 10. 90

Quelle est la fée la plus paresseuse ?
La fée Néante !

LA TABLE DE 10

Complète les multiplications
en utilisant la table de 10.

Tu as 5 minutes !

1. 10 x 1 = ☐
2. 10 x 2 = ☐
3. 10 x 3 = ☐
4. 10 x 4 = ☐
5. 10 x 5 = ☐
6. 10 x 6 = ☐
7. 10 x 7 = ☐
8. 10 x 8 = ☐
9. 10 x 9 = ☐
10. 10 x 10 = ☐

Regarde bien ta montre !

Vérifie tes réponses !

1. 10 - 2. 20 - 3. 30 - 4. 40 - 5. 50 - 6. 60 - 7. 70 - 8. 80 -
9. 90 - 10. 100

Quelle est la fée que les enfants détestent ?

La fessée !

EN COULEURS

Les bonbons rouges valent 5 points,
les bonbons verts valent 10 points.
Complète les opérations.

Tu as 5 minutes !

1. 3 bonbons rouges ☐
2. 2 bonbons verts ☐
3. 6 bonbons rouges ☐
4. 9 bonbons verts ☐
5. 7 bonbons rouges ☐
6. 11 bonbons verts ☐
7. 4 bonbons rouges et 2 verts ☐
8. 7 bonbons rouges et 5 verts ☐

Regarde bien ta montre !

Vérifie tes réponses !

1. 15 p - 2. 20 p - 3. 30 p - 4. 90 p - 5. 35 p - 6. 110 p -
7. 40 p - 8. 85 p

Quelle est l'étoile que l'on voit en plein soleil ?
L'étoile d'araignée.

LA TABLE DE 11

Complète les multiplications en utilisant la table de 11.

Tu as 5 minutes !

1. 11 x 1 = ☐
2. 11 x 2 = ☐
3. 11 x 3 = ☐
4. 11 x 4 = ☐
5. 11 x 5 = ☐
6. 11 x 6 = ☐
7. 11 x 7 = ☐
8. 11 x 8 = ☐
9. 11 x 9 = ☐
10. 11 x 10 = ☐

Regarde bien ta montre !

Vérifie tes réponses !

1. 11 - 2. 22 - 3. 33 - 4. 44 - 5. 55 - 6. 66 - 7. 77 - 8. 88 - 9. 99 - 10. 110

Quel bruit fait un Esquimau quand il boit ?

« Igloo ! Igloo ! »

CODE SECRET

Complète les multiplications
pour connaître le code secret.

Tu as 5 minutes !

1. ___ x 11 = 22

2. 3 x 3 = ___

3. 9 x ___ = 36

4. 8 x ___ = 64

5. ___ x 5 = 35

6. ___ x 11 = 44

7. ___ x 9 = 72

8. ___ x 11 = 99

Code secret : ___ ___ ___ ___ ___ ___ ___ ___

Regarde bien ta montre !

Vérifie tes réponses !

Code secret : 2 9 4 8 7 4 8 9

Quel est le dessert préféré des dictionnaires ?

Le mille-feuille.

LA TABLE DE 12

Complète les multiplications
en utilisant la table de 12.

Tu as 5 minutes !

1. 12 x 1 = ☐
2. 12 x 2 = ☐
3. 12 x 3 = ☐
4. 12 x 4 = ☐
5. 12 x 5 = ☐
6. 12 x 6 = ☐
7. 12 x 7 = ☐
8. 12 x 8 = ☐
9. 12 x 9 = ☐
10. 12 x 10 = ☐

Regarde bien ta montre !

Vérifie tes réponses !

1. 12 - 2. 24 - 3. 36 - 4. 48 - 5. 60 - 6. 72 - 7. 84 - 8. 96 -
9. 108 - 10. 120

Quel est le plat préféré des cannibales ?
Le croque-monsieur.

LES JUMEAUX

Complète les multiplications.

Tu as 5 minutes !

1. 3 x 3 = ☐
2. 4 x 4 = ☐
3. 5 x 5 = ☐
4. 6 x 6 = ☐
5. 7 x 7 = ☐
6. 8 x 8 = ☐
7. 9 x 9 = ☐
8. 10 x 10 = ☐
9. 11 x 11 = ☐
10. 12 x 12 = ☐

Regarde bien ta montre !

Vérifie tes réponses !

1. 9 - 2. 16 - 3. 25 - 4. 36 - 5. 49 - 6. 64 - 7. 81 - 8. 100 -
9. 121 - 10. 144

Quel est la capitale de Tamalou ?
Jébobola.

VRAI OU FAUX ?

Mets un ✔ dans le carré quand le résultat est exact, et un ✘ quand le résultat est faux.

Tu as 5 minutes !

1. $5 \times 4 = 20$ ☐
2. $4 \times 7 = 26$ ☐
3. $6 \times 7 = 42$ ☐
4. $9 \times 4 = 32$ ☐
5. $10 \times 6 = 60$ ☐
6. $5 \times 9 = 48$ ☐
7. $12 \times 3 = 38$ ☐
8. $11 \times 4 = 44$ ☐
9. $12 \times 5 = 70$ ☐
10. $7 \times 9 = 63$ ☐

Regarde bien ta montre !

Vérifie tes réponses !

1. ✔ 2. ✘ 3. ✔ 4. ✘ 5. ✔ 6. ✘ 7. ✘ 8. ✔ 9. ✘ 10. ✔

Quel est l'arbre qui travaille le plus ?

Le bouleau !

DES LISTES

Observe les listes de nombres et trouve les tables de multiplications qui leur correspondent.

Tu as 5 minutes !

1. 14 16 18 20 : table de ☐
2. 35 40 45 50 : table de ☐
3. 9 12 15 18 : table de ☐
4. 24 28 32 36 : table de ☐
5. 55 66 77 88 : table de ☐
6. 48 56 64 72 : table de ☐
7. 63 72 81 90 : table de ☐
8. 63 70 77 84 : table de ☐
9. 30 36 42 48 : table de ☐
10. 84 96 108 120 : table de ☐

Regarde bien ta montre !

Vérifie tes réponses !

1. 2 - 2. 5 - 3. 3 - 4. 4 - 5. 11 - 6. 8 - 7. 9 - 8. 7 - 9. 6 - 10. 12

On ne dit pas « un potager », mais...
... « un copain d'un certain âge ».

VRAI OU FAUX ?

Mets un ✔ dans le carré quand le résultat est exact, et un ✘ quand le résultat est faux.

Tu as 5 minutes !

1. 9 x 8 = 72 ☐
2. 12 x 4 = 44 ☐
3. 7 x 6 = 42 ☐
4. 6 x 9 = 56 ☐
5. 10 x 11 = 110 ☐
6. 7 x 8 = 54 ☐
7. 8 x 12 = 94 ☐
8. 7 x 11 = 77 ☐
9. 11 x 12 = 142 ☐
10. 7 x 9 = 64 ☐

Regarde bien ta montre !

Vérifie tes réponses !

1. ✔ 2. ✘ 3. ✔ 4. ✘ 5. ✔ 6. ✘ 7. ✘
8. ✔ 9. ✘ 10. ✘

Quel est l'animal le plus heureux du monde ?

Le hibou, parce que sa femme est chouette.

COMPÉTITION SPORTIVE

Paul est beaucoup plus fort en sport que Julien. Découvre ses performances en résolvant les problèmes ci-dessous.

Tu as 5 minutes !

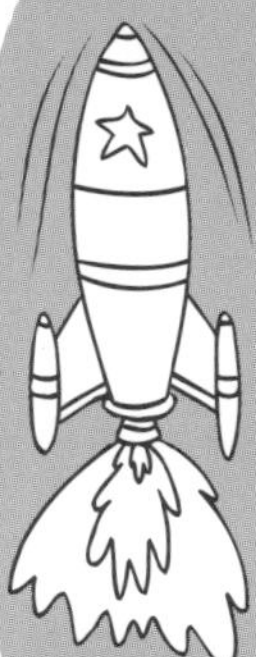

1. Julien a lancé le poids à 4 m. Paul a pu le lancer 4 fois plus loin. À combien de mètres Paul a-t-il lancé son poids ? ___

2. Julien peut faire 4 tours du stade en 10 min. Paul peut en faire 6 fois plus. Combien de tours peut-il faire ? ___

3. Pendant la course, Julien a sauté 5 haies. Paul en a sauté 3 fois plus. Combien Paul a-t-il sauté de haies ? ___

4. Pendant un match de basket, Julien a marqué 12 paniers. Paul en a marqué 10 fois plus. Combien Paul a-t-il marqué de paniers ? ___

Regarde bien ta montre !

Vérifie tes réponses !

1. 16 m 2. 24 tours 3. 15 haies
4. 120 paniers

Quel est l'animal le plus sobre ?

Le zébu, parce que quand zébu, z'ai plus soif...